PETER McWILLIAMS

Quem acredita sempre alcança

SEXTANTE

Título original: *The Portable Do It!*

Publicado em acordo com a Mary Books/Prelude Press, Allen Park, Michigan, 48101, EUA.

tradução: Stella Alves de Souza

revisão da tradução e preparo de originais: Regina da Veiga Pereira

revisão: Antonio dos Prazeres e Sérgio Bellinello Soares

projeto gráfico e diagramação: Ana Paula Daudt Brandão

capa: Silvana Mattievich

impressão e acabamento: Yangraf Gráfica e Editora Ltda.

CIP-BRASIL. CATALOGAÇÃO-NA-FONTE.
SINDICATO NACIONAL DOS EDITORES DE LIVROS, RJ

M429q McWilliams, Peter
Quem acredita sempre alcança / Peter McWilliams [tradução de Stella Alves de Souza]; Rio de Janeiro: Sextante, 2012.
80p.; 10,5x15 cm; ed. popular

Tradução de: The portable do it!
ISBN 978-85-7542-776-7

1. Sucesso - Citações, máximas, etc. 2. Citações. I. Título.

12-1292 CDD: 158.1
CDU: 159.947

Rua Voluntários da Pátria, 45 – Gr. 1.404
Botafogo – 22270-000 – Rio de Janeiro – RJ
Tel.: (21) 2538-4100 – Fax: (21) 2286-9244
E-mail: atendimento@esextante.com.br
www.sextante.com.br

INTRODUÇÃO

Este livro trata de algo que você vive sem se dar conta: *a zona de conforto*. E vai estimulá-lo a sair dessa acomodação e a *buscar seus sonhos* para se realizar como pessoa e encontrar a verdadeira felicidade.

Você está tão imerso na sua zona de conforto que nem a percebe. Ela é constituída pelos atos, gestos, palavras, crenças e relacionamentos do seu dia a dia. De vez em quando, você sente uma insatisfação vaga e indefinida, uma sensação de que está aquém de suas possibilidades, de que não é dono de suas escolhas, um vislumbre de outros horizontes. Mas como não sabe o que fazer – e até tem medo – acomoda-se na zona de conforto. Ao fazer isso, ignora ou nega o sonho.

É justamente por essa razão que escrevi este livro: para que ele seja um companheiro precioso que ajude você a identificar e realizar seus sonhos.

Ao ler os pequenos textos e citações reunidos aqui, você deve pensar sobre a vida que está levando para descobrir se seus desejos mais profundos estão sendo atendidos. Não é necessário ler tudo de uma vez. Aliás, nem é bom que o faça. Vá devagar, deixando-se impregnar de cada pensamento, e aos poucos essa mudança interna começará a se refletir em seus atos e atitudes.

Aí você redescobrirá a alegria, o entusiasmo e a satisfação que ficaram escondidos debaixo da rotina e da repetição do cotidiano. E tomará, feliz, as rédeas da sua própria vida!

1

Todos nós temos um sonho, um desejo lá no fundo do coração. Muitos têm mais de um. Outros, uma verdadeira coleção.

Este é um livro de sugestões práticas para descobrir (ou redescobrir) esses sonhos, escolhendo aqueles que merecem ser perseguidos e procurando maneiras de concretizá-los.

Se perseguirmos *qualquer um* de nossos sonhos, poderemos realizá-lo. Não precisamos correr atrás de *todos*.

Na verdade, deveríamos ler como
se estivéssemos em busca de poder.
O livro deveria ser como uma
bola de luz em nossas mãos.
EZRA POUND

2

Não precisamos *concretizar* um sonho para nos sentirmos realizados – o processo de *perseguir* o sonho já garante nossa satisfação.

O arrependimento pelo que se fez é amenizado pelo tempo;
o arrependimento pelo que não
se fez não tem consolo possível.
SYDNEY J. HARRIS

3

Ao vivermos nosso sonho, estamos contribuindo não só para nós mesmos como também para todos e tudo o que nos rodeia. No entanto, a maioria das pessoas não está perseguindo seus sonhos.

Existem pessoas que, se não sabem,
não é possível explicar-lhes.
LOUIS ARMSTRONG

4

Quando não estamos perseguindo nossos verdadeiros sonhos, perdemos nosso tempo e nossos talentos perseguindo coisas que *achamos* que nos farão felizes: uma casa nova, um carro novo, uma roupa de grife.

É impossível se satisfazer com aquilo
que você não deseja realmente.

5

Existem muitas pessoas que vivem tão distantes de seus sonhos que acabam *esquecendo qual era seu verdadeiro sonho*.

Muitas pessoas fracassaram porque não
perceberam quanto estavam próximas
do sucesso no momento em que desistiram.
THOMAS EDISON

6

É triste. É desnecessário. É um desperdício. E, no entanto, essa é uma queixa tão frequente que se tornou um clichê. Abandonamos o desejo de nosso coração – mas, em algum lugar bem no fundo, sabemos disso. E, mesmo não lembrando exatamente o que era, sentimos falta dele.

"Vamos."
"Sim, vamos."
Direção de cena: Os dois não se movem.
PALAVRAS FINAIS DA PEÇA *ESPERANDO GODOT*,
DE SAMUEL BECKETT

7

Talvez você ache a primeira parte deste livro um tanto deprimente. Nela, eu vou explicar por que a maioria das pessoas não vive os seus sonhos – e não vou tentar amenizar a situação. O quadro apresentado não é nada atraente.

Os fatos não deixam de existir só porque são ignorados.
WILLIAM S. BURROUGHS

Você tem tudo, menos uma coisa: loucura.
O ser humano precisa de um pouco
de loucura – caso contrário, jamais ousará
cortar as amarras e se libertar.
ZORBA, O GREGO

Há muitas pessoas que vivem muito aquém
de seu potencial, porque constantemente abrem mão
de sua individualidade em função dos outros.
Você quer ter poder neste mundo? Seja você mesmo.
Seja fiel ao que há de mais profundo em seu ser, e,
assim, não se deixe governar por quaisquer costumes,
regras ou convenções criadas pelos seres humanos
e que não estejam embasadas em princípios fundamentais.
RALPH WALDO TRINE

8

Por que não vivemos os nossos sonhos? Porque fomos treinados a venerar algo maior do que os sonhos: algo que vamos chamar de *zona de conforto*.

Nós nos comportamos como se o conforto e o luxo fossem
as necessidades prioritárias da vida,
quando, na verdade, tudo de que precisamos
para ser felizes é algo que nos entusiasme.
CHARLES KINGSLEY

9

A zona de conforto é formada pelas coisas que fazemos todos os dias. Ficamos tão acostumados com elas que nos sentimos confortáveis repetindo-as. Quando fazemos algo novo, rompemos os limites da zona de conforto. Mas, quando pensamos em fazer algo diferente, sentimos medo, culpa, baixa autoestima, mágoa e raiva – e essas emoções geram um enorme "desconforto".

A única coisa que eu não suporto é o desconforto.
GLORIA STEINEM

10

Quando nos sentimos desconfortáveis durante muito tempo, em geral ficamos desencorajados e mesmo exaustos. Por isso, retomamos pensamentos, sentimentos e ações mais familiares, mais repetitivas e mais previsíveis – aquelas que consideramos "confortáveis".

É difícil combater um inimigo que ocupa
um posto avançado dentro de nossa cabeça.
SALLY KEMPTON

11

No entanto, os sentimentos que aprendemos a rotular de desconfortáveis estão entre as ferramentas necessárias à realização de nossos sonhos. Constatamos, assim, que os tijolos utilizados na construção dos muros da zona de conforto são feitos de aço sólido.

Em uma prova equestre, os obstáculos
parecem dificuldades.
Mas se, ao se aproximar do obstáculo,
você atirar o seu coração por cima dele,
seu cavalo fará o mesmo.
LAWRENCE BIXBY

12

Não acreditamos mais em Papai Noel, mas continuamos acreditando que "sentir-se desconfortável" é razão suficiente para não fazermos algo novo. O Coelhinho da Páscoa já não faz parte de nossas vidas há muitos anos, e no entanto continuamos a permitir que "o que os outros vão pensar" afete o nosso comportamento. A fada que leva o dente de leite desapareceu de nosso consciente muito antes da adolescência, e ainda assim continuamos a atribuir qualquer fracasso pessoal a algo ou alguém fora de nós.

Em cada ato da vida estamos sozinhos.
LILY TOMLIN

13

Muitas pessoas flutuam sem rumo num eterno sono infantil. Para realizar os nossos sonhos é preciso acordar.

De tempos em tempos, as pessoas tropeçam na verdade; mas rapidamente se recompõem e seguem adiante como se nada tivesse acontecido.
WINSTON CHURCHILL

14

F. Scott Fitzgerald encontrou a atriz Joan Crawford numa festa em Hollywood e disse que tinha sido contratado para escrever o roteiro do próximo filme em que ela iria atuar. Joan o olhou bem nos olhos e disse: "Vá fundo, Sr. Fitzgerald, vá fundo."

Imagine, leitor, que eu esteja olhando bem no fundo de seus olhos e dizendo: "Sonhe grande, caro leitor, sonhe grande."

Procure dar tudo de si em cada pequena coisa.
Assim você se preparará para fazer grandes coisas.

15

A verdade é que perseguir o grande sonho que você escolheu é tão trabalhoso quanto acumular todas as coisas que você não deseja. Já que você vai passar o resto da vida fazendo *alguma coisa*, por que não fazer as coisas que você *realmente* quer?

Este é um mundo em que as pessoas não
sabem o que querem, mas estão dispostas
a mover céus e terra para consegui-lo.
DON MARQUIS

16

A razão de não estarmos realizando os nossos sonhos está *dentro de nós*. Mas fingimos que a culpa é das coisas, pessoas e situações *fora de nós*.

Preste atenção no que afirmam os especialistas.
Eles lhe dirão o que não pode ser feito e por quê.
Então faça exatamente o contrário.
ROBERT HEINLEIN

17

Quando temos consciência de que a *causa* de algo está em nós mesmos, e de que somos um dos poucos elementos do Universo que têm o direito e a capacidade de promover mudanças, começamos a perceber as escolhas que nos são oferecidas, a vislumbrar nosso próprio poder e a descobrir que somos responsáveis – por nossas vidas, nosso futuro e nossos sonhos.

Dizem que o tempo modifica as coisas, mas na verdade é você quem tem de modificá-las.
ANDY WARHOL

18

Mas – esta palavra de três letras geralmente significa: "Esqueça todas as coisas agradáveis que eu já disse, porque aí vai a verdade nua e crua."

Fazer ou não fazer.
Não há outra opção.
YODA

19

Usamos o *mas* puro e simples quando não valorizamos nossos próprios julgamentos. Ao ignorar os conselhos dos outros, usamos a versão com vírgula: "Sim, mas..." Ao justificar nossas limitações, nós as perpetuamos. "Sim, mas..." quer dizer "aí vão minhas razões para justificar as minhas limitações".

Conselho é aquilo que pedimos quando já sabemos
a resposta mas gostaríamos de não saber.
ERICA JONG

20

Quando não obtemos o que queremos, nos empenhamos em provar que é impossível consegui-lo.

O sucesso é apenas uma questão de sorte.
É o que afirma qualquer fracassado.
EARL WILSON

21

A mente é uma das ferramentas mais poderosas de que dispomos. Mas, muitas vezes, em vez de nos livrar das barreiras que nos impedem de atingir nossos sonhos, a mente simplesmente os descarta.

Na escolha entre mudar a mente de alguém
e provar que não há necessidade de fazê-lo,
a maioria das pessoas se dedica totalmente
a acumular provas.
JOHN KENNETH GALBRAITH

22

O tempo que a mente leva para inventar uma boa desculpa é o mesmo que ela levaria para criar uma forma de conseguir o resultado – o que tornaria desnecessário inventar as desculpas.

"Desista agora, você não vai conseguir."
Se você ignorar este conselho,
terá meio caminho andado.
DAVID ZUCKER

23

Agora vamos examinar com mais cuidado o medo, a culpa, a falta de autoestima, a mágoa, a raiva e o desânimo. (Exatamente o que você queria, hein?)

Assim como os corpos, as mentes
frequentemente se enfraquecerão, devido
simplesmente ao excesso de conforto.
CHARLES DICKENS

24

Vamos começar pelo medo, que tem muitos outros nomes: apreensão, receio, pavor, horror, fobia, terror, alarme, consternação, presságio, escrúpulo, suspeita, angústia, desconforto, preocupação, pânico, inquietação.

Eu sou um paranoico, meu bem,
portanto espero que você não cometa
o engano de raciocinar equivocadamente,
acreditando estar lidando com uma
pessoa mentalmente sã.
TENNESSEE WILLIAMS

25

Sentimos o medo em nosso corpo na região que geralmente chamamos de estômago. Mas a área onde ele realmente se manifesta fica situada abaixo do estômago biológico, na parte inferior do abdômen. Para fins de localização do medo, definirei como "estômago" uma área circular, com o umbigo no centro. (A culpa também fica nessa região.)

O medo é a principal fonte de superstição
e uma das principais causas da crueldade.
Dominar o medo é o início da sabedoria.
BERTRAND RUSSELL

26

O medo já foi descrito como uma expectativa falsa que nos parece real. Na maioria das vezes, aquilo que tememos não é real, e sim apenas o fruto da nossa imaginação, algo terrível que ainda não aconteceu.

O medo e a dor causada
pela expectativa do mal.
ARISTÓTELES

Para quem está com medo,
tudo parece sussurrar.
SÓFOCLES

27

Raramente fazemos aquilo que tememos, e por isso raramente temos a oportunidade de descobrir se a nossa previsão de desastre era procedente. Na verdade, quando não fazemos aquilo que tememos, soltamos um suspiro de alívio, como se a coisa tivesse de fato acontecido. "Essa passou perto!" é o que exclamamos. No entanto, na verdade, não chegamos perto de nada, a não ser de nossos pensamentos negativos. O medo gera falta de experiência; a falta de experiência gera ignorância e a ignorância gera mais medo. Trata-se de um verdadeiro círculo vicioso.

Você não pode querer ganhar uma
bolada se não puser algumas moedas
na máquina caça-níqueis.
FLIP WILSON

28

A culpa é a raiva que sentimos de nós mesmos quando acreditamos ter feito algo "errado". O problema é que a maioria de nós jamais chegou a analisar o real significado do que é "certo" ou "errado".

A única razão para me sentir culpado por
me masturbar é o fato de fazê-lo tão mal.
DAVID STEINBERG

29

A limitação e a imobilidade são o reflexo do medo que sentimos *antes* de fazer algo novo, e a culpa é consequência do que sentimos *depois*. (Talvez por essa razão culpa e medo sejam sentidos na região do estômago.) A culpa é o remorso, a vergonha, o arrependimento que experimentamos ao fazer algo "diferente". Nós nos sentimos tão mal que prometemos a nós mesmos nunca mais repeti-lo. No entanto, talvez aquilo seja exatamente o que deveríamos fazer repetidamente.

Ontem, à meia-noite, eu me sentia imenso.
Agora, porém, me sinto do tamanho de uma moedinha.
GEORGE ADE

30

A culpa é tão perversa que tem o poder de distorcer em nossa memória a experiência vivida. Podemos fazer algo novo e ter prazer em fazê-lo (ou alegrar-nos com o resultado do ato), mas a culpa é capaz de nos convencer de que não gostamos do que fizemos (ou de que aquilo não nos trouxe qualquer vantagem). Chegamos a ponto de dizer "Não vou mais fazer isto; na verdade não gostei de ter feito" e acreditar nessa afirmação, embora a experiência tenha sido prazerosa.

Se pretende fazer alguma coisa errada,
que ela seja pelo menos prazerosa.
LEO ROSTEN

31

A falta de autoestima é a crença profunda que nos convence de que somos inferiores, inadequados e essencialmente deficientes.

Você nem imagina o baixo conceito que
tenho a meu respeito – e como ele é injusto.
W. S. GILBERT

32

Quando pensamos em realizar um sonho, a baixa autoestima nos alerta: "Nem tente isso", "Nem *pense* nisso".

E, assim, nem ousamos pensar. A nossa mente procura uma distração atrás da outra para não termos de enfrentar o que consideramos nossa total incapacidade.

Nossas dúvidas são traidores que nos fazem perder
aquilo que poderíamos ter ganhado
se não tivéssemos tido medo de tentar.
SHAKESPEARE

33

A baixa autoestima se localiza em nosso corpo na região do plexo solar – uma área logo abaixo do coração, onde a caixa torácica forma um "V" invertido. Em algumas culturas orientais, o local é considerado o centro do *Chi*, um ponto fundamental de acumulação de energia e gerador de avanços na vida. A baixa autoestima inibe essa energia.

O maravilhoso nos santos é que eles eram humanos, perdiam as estribeiras, questionavam os desígnios divinos, eram egoístas ou teimosos, de vez em quando impacientes, cometiam erros e se arrependiam. Ainda assim, de erro em erro, persistiam no caminho para o céu.

PHYLLIS McGINLEY

34

A pessoa que tem baixa autoestima faz frequentemente este comentário: "Não acredito! É bom demais para ser verdade!" O comentário às vezes é dito com tanta convicção – e com tal autodepreciação – que o bem "inacreditável" acaba desaparecendo.

Hoje em dia o mundo se transforma
tão rapidamente que aquele que diz
que algo não pode ser feito é geralmente
interrompido por alguém que o está fazendo.

HARRY EMERSON FOSDICK

35

Quando não conseguimos dos outros aquilo que desejamos, quando eles deixam de cumprir suas promessas, quando nos decepcionam, geralmente ficamos magoados. Mais profundamente (e mais frequentemente) nos decepcionamos com nós mesmos. Isso também nos machuca.

Neste mundo não existe segurança.
Só existe oportunidade.
DOUGLAS MACARTHUR

36

A raiva é um disfarce muito comum para a mágoa. Culpamos qualquer coisa ou qualquer pessoa que tenha nos decepcionado e ficamos zangados. ("Como você ousa?! Por que você não fez?!") Algumas pessoas reagem de forma irada a qualquer decepção. No entanto, em quase todos os casos, é a mágoa que está por baixo da raiva.

Eu compro sapatos femininos, e as mulheres
os usam para fugir de mim.
MICKEY ROONEY

37

A nossa imaginação e os nossos desejos são infinitamente maiores do que a nossa capacidade física de realizá-los. Isso nos frustra. O resultado de nossas frustrações são sentimentos de mágoa – tristeza, perda e desgosto.

Conheço um homem que parou de fumar, de beber,
de fazer sexo e de comer alimentos sofisticados.
Ele se manteve saudável até o momento em que se matou.
JOHNNY CARSON

38

Depois de muita mágoa e raiva, as pessoas tendem a decidir: "Não vou fazer mais nada que possa me fazer sofrer." E com essa decisão deixam de fazer aquilo que pode levá-las a realizar seus sonhos.

É preciso deixar a sua zona de conforto e
penetrar na região selvagem da sua intuição.
O que vai descobrir será maravilhoso.
E o que descobrirá será você mesmo.
ALAN ALDA

39

Com o passar do tempo, o resultado de todo medo, culpa, baixa autoestima, mágoa e raiva é o desânimo. (O desânimo promove a imobilidade, e a imobilidade garante o fracasso – uma vida sem a realização dos nossos sonhos.)

O desânimo é apenas o desespero
do amor-próprio ferido.
FRANÇOIS DE FÉNELON

40

É difícil imaginar algo mais prejudicial e destrutivo do que o desânimo. Como adultos nós temos o poder de perseguir nossos sonhos, mas o desânimo geralmente nos impede de utilizar esse poder.

Basicamente, a minha mulher era imatura.
Quando eu estava na banheira, ela entrava
e afundava os meus barquinhos.
WOODY ALLEN

41

Nossos pais (ou quem quer que tenha nos criado) nos amavam no sentido mais fundamental da palavra. Talvez eles não nos acariciassem tanto quanto gostaríamos, mas se estamos vivos hoje é porque eles (pelo menos) nos alimentaram.

Eu aprendi da mesma forma que um macaco aprende – observando os meus pais.
ELIZABETH II

42

As principais razões por que os pais não conseguem educar seus filhos sem trauma são:

1. Os pais não sabem tudo;
2. As crianças aprendem através do exemplo;
3. Os pais têm outras coisas a fazer além de criar os filhos (resolver problemas financeiros, as questões do relacionamento conjugal e de outras áreas da vida);
4. Alguém por acaso sabe exatamente do que uma criança precisa?

Se quiser um lugar ao sol, trate de sair
da sombra da árvore familiar.
PROVÉRBIO DA TRIBO OSAGE

43

As más notícias sobre a zona de conforto: ela nunca é estática. É dinâmica, está sempre se expandindo ou contraindo. Se você não expandir conscientemente a sua zona de conforto, ela se contrairá.

Aquele que não está empenhado em nascer,
está empenhado em morrer.
BOB DYLAN

44

A zona de conforto nos conhece intimamente e nos atinge em nosso ponto mais fraco. Ela nem se preocupa em utilizar uma desculpa compreensível. A zona de conforto utiliza mentiras racionais e mentiras reais. Ela pega as nossas maiores aspirações e as transforma em razões para desistirmos do que desejamos.

Para mim, uma pessoa agradável
é aquela que concorda comigo.
BENJAMIN DISRAELI

O bom comportamento é o derradeiro
refúgio da mediocridade.
HENRY S. HASKINS

45

Notícias ainda piores sobre a zona de conforto: se não conseguimos viver nossos sonhos, é porque a zona de conforto tem mais controle sobre nossas vidas do que nós mesmos.

Os seres humanos fazem concessões em muitas situações, mesmo nas importantes, nas espirituais e nas essenciais, só para prolongar o seu bem-estar.
ALEXANDER SOLZHENITSYN

Não se conforme em rastejar quando
o impulso for de alçar voo.
HELEN KELLER

46

Somos feitos para o sucesso. Talvez sejamos programados para falhar, mas somos destinados ao sucesso.

Use suas fraquezas; deseje a força.
LAURENCE OLIVIER

47

Travamos uma luta com nossos sentimentos e nossas atitudes. Surge um sentimento. Vem logo uma atitude para reprimir o sentimento, censurando-o. É como se fosse uma queda de braço com nós mesmos – podemos gastar muita energia e até agir corretamente, mas não estaremos realizando grande coisa.

A minha avó começou a caminhar cinco
quilômetros por dia aos sessenta anos.
Agora ela está com noventa e cinco e não
temos a menor ideia de onde ela se meteu.
ELLEN DEGENERES

48

As pessoas frequentemente procuram se "livrar" do que chamam de emoções "negativas" antes de tentar qualquer coisa nova. Isso é tão inútil quanto dizer "quero me livrar de parte de minha energia".

Não há nada de errado em sentir borboletas no estômago,
desde que elas voem em formação.
DR. ROB GILBERT

49

Medo, culpa, baixa autoestima, mágoa e raiva, na verdade, são *ferramentas*. Elas são neutras, podendo ser usadas a nosso favor ou contra nós. Uma lâmina serve para curar ou para ferir. Um martelo pode ser usado tanto para construir como para destruir. Não é a ferramenta em si, mas a forma como ela é usada que vai determinar se é benéfica ou prejudicial.

Ele julgará as nações, corrigirá muitos povos.
Estes quebrarão suas espadas, transformando-as em relhas, e suas lanças, em podadeiras.
Uma nação não levantará a espada contra a outra nem se aprenderá mais a fazer a guerra.
ISAÍAS 2:4

50

Imagine se toda a energia do medo, da culpa, da baixa autoestima, da mágoa e da raiva fosse capaz de nos ajudar a conseguir o que desejamos.

Pois bem, ela é.

Eu sei que Deus não me dará nada com
que eu não seja capaz de lidar.
Eu só gostaria que Ele não confiasse tanto em mim.
MADRE TERESA

51

É como se alguém pendurasse uma pedra enorme em nosso pescoço. Nós nos queixaríamos: "Que peso danado!" Mais tarde nos diriam que a pedra era, na verdade, um diamante bruto. O medo, a culpa, a falta de autoestima, a mágoa e a raiva são diamantes brutos. Eles são valiosos e, com os devidos cortes e polimentos, adquirem valor inestimável.

Quando conseguimos nos livrar do remorso,
o nosso peito se enche de doçura.
Devemos rir e cantar.
As bênçãos se derramam por tudo o que existe.
Tudo ao nosso redor é abençoado.

WILLIAM BUTLER YEATES

52

O medo é a energia que usamos para dar o melhor de nós mesmos em cada situação nova.

Tente três vezes fazer algo que nunca fez.
A primeira, para perder o medo de fazê-lo;
a segunda, para aprender como se faz, e a
terceira, para descobrir se lhe agrada ou não.

VIRGIL THOMSON

53

Ao contrário do que diz a crença popular, nossos pais não nos ensinam a ter medo. Na verdade, eles nos ensinam a usar o medo como uma razão para *não* fazermos determinadas coisas. As crianças não são capazes de discernir se o seu bem-estar físico corre algum risco diante de uma atividade desconhecida.

A sociedade ataca cedo,
quando a pessoa ainda está indefesa.
B. F. SKINNER

54

Ao verificar que determinada coisa não representa perigo físico, vá fundo e faça. Pode ser inicialmente desconfortável (provavelmente será), mas prossiga, um passo depois do outro, na direção de sua meta.

À medida que você prosseguir – à medida que usar a energia –, ela deixará de ser barreira e se transformará em benção. Nesse momento você deixará de ter limitações e passará a ter energia.

Em qualquer ação há riscos e custos,
mas eles são infinitamente menores
do que os riscos a longo prazo e os
custos da imobilidade confortável.
JOHN F. KENNEDY

55

Fazer as coisas apesar do medo muda nossa atitude. Em vez de dizer "não faça", o medo nos impulsiona: "vá em frente a todo vapor".

Você adquire força, coragem e confiança
sempre que olha o medo de frente.
Você se torna capaz de dizer a si mesmo:
"Eu sobrevivi a todo esse horror, portanto
sou capaz de enfrentar o que vier."
É preciso fazer exatamente aquilo
que você acha que não pode.
ELEANOR ROOSEVELT

56

Há muita energia na raiva decorrente da culpa. Em vez de ficar se culpando, o importante é aprender a redirecionar essa energia para promover sucessivas mudanças.

O destino não é uma mera questão de acaso;
é uma questão de escolha.
Não é algo que devemos esperar passivamente, mas algo
que devemos realizar.
WILLIAM JENNINGS BRYAN

57

Quando utilizada para gerar culpa, a afirmação "eu poderia ter feito melhor" é falsa. Se realmente fôssemos capazes de fazer melhor, certamente *teríamos feito* melhor.

Quando sabemos (intelectualmente) que poderíamos ter feito melhor, e assim mesmo erramos, é melhor afirmar: "Isto servirá para que eu faça melhor da próxima vez – ainda estou aprendendo." Porque, de fato, estamos sempre aprendendo.

Mostre-me um sujeito que tem medo
de parecer errado, e eu lhe mostrarei
um sujeito que pode ser sempre derrotado.
RENE AUBERJONOIS

58

A mágoa serve para nos lembrar que nos importamos com as coisas. A raiva é a energia necessária para mudá-las.

Nao fique por aí dizendo que o mundo
lhe deve a vida; o mundo não lhe deve nada.
Ele já estava aqui muito antes de você.
MARK TWAIN

59

Só ficamos magoados com o que nos importa. Quando a raiva se sobrepõe à mágoa, dizemos: "Eu não ligo para eles (para isso)" ou "Eu os detesto". Mas isso também é se importar.

Deus Todo-Poderoso, em nome de Seu único
e adorado Filho, Jesus Cristo, Nosso Senhor,
faça com que ele me telefone agora mesmo.
DOROTHY PARKER

60

Um sinônimo de importar-se é, evidentemente, *amar*. O amor é poderoso. Mantenha-o direcionado para o seu objetivo. A maioria das pessoas utiliza a mágoa como desculpa para não perseverar. Ao agir dessa forma, nos magoamos mais ainda, pois permitimos que a mágoa nos impeça de atingir o desejo de nosso coração.

Quando o amor se associa à habilidade,
o resultado é uma obra-prima.
JOHN RUSKIN

61

A imaginação tem esse poder: com ela retornamos ao passado, ensaiamos o futuro e damos asas à fantasia – tudo em questão de segundos. A imaginação serve para ensaiarmos os nossos sonhos e revivermos as nossas alegrias.

Sou capaz de acreditar em qualquer coisa,
desde que seja inacreditável.
OSCAR WILDE

62

Quando a zona de conforto controla a imaginação, ela passa a ser usada contra nós de forma perversa. Revivemos medos, horrores do passado, culpas especialmente idiotas, baixa autoestima em seu nível máximo, as mais dolorosas mágoas e a raiva mais destrutiva.

Quanto mais vivo, mais me dou conta
de que nunca me engano com coisa alguma
e de que todos os sofrimentos que aceitei humildemente
só serviram para me fazer perder tempo.
GEORGE BERNARD SHAW

63

A sua imaginação lhe pertence. Você pode lembrar o que quiser de seu passado, ensaiar o futuro que bem entender, relacionar-se com heróis reais e fictícios que desejar e ainda se identificar com aqueles de que mais gosta.

Eu vejo muitas pessoas com uma
capacidade infinita de não saber
aquilo que não pode ser feito.
HENRY FORD

Se você limitar suas escolhas apenas àquilo
que parece possível e razoável, estará se desconectando de
tudo o que realmente deseja.
ROBERT FRITZ

64

Frequentemente aquilo que de fato desejamos está oculto. Quando a zona de conforto não permite a realização de nossos sonhos, nossa tendência é esquecer dos sonhos. Quando temos consciência de que podemos conseguir aquilo que desejamos – com a zona de conforto sob nosso controle –, podemos entrar em contato com nosso verdadeiro desejo.

Pobre do ser humano cujos prazeres
dependem da permissão dos outros.
MADONNA

65

Quando perguntamos a certas pessoas por que não estão vivendo os seus sonhos, elas geralmente se justificam com uma lista de coisas que não possuem: dinheiro, informação, contatos, tempo, e assim por diante. Todas essas coisas são apenas meios. As desculpas por não tê-las podem parecer racionais, mas, na realidade, são apenas mentiras racionais.

A exigência de perfeição dos meios e a confusão dos objetivos parecem – na minha opinião – ser características de nossa época.
ALBERT EINSTEIN

O mais importante não é onde estamos, mas para onde estamos indo.
OLIVER WENDELL HOLMES

66

Muitas pessoas se aborrecem e se sentem frustradas porque passam a vida repetindo sempre os mesmos métodos. Isto pode ser comparado ao ato de arrumar insistentemente as cadeiras no convés do *Titanic* – por melhor que seja o serviço, o resultado final será o mesmo. Conforme se diz: “Se você ficar fazendo aquilo que sempre fez, obterá o que sempre teve.”

Ninguém pode descobrir novas terras se não aceitar perder durante muito tempo a visão da costa.
ANDRÉ GIDE

67

Ao escolher um sonho, olhe para o seu coração, não para a sua realidade. É por essa razão que o nome é *sonho*. Faça com que esse sonho seja o seu objetivo. Comprometa-se com ele e aja de acordo com esse compromisso. Verá então aparecerem os métodos para realizá-lo.

Siga a sua alegria.
JOSEPH CAMPBELL

68

Ser fiel ao seu verdadeiro "eu" significa realizar seus sonhos, metas e aspirações. Significa viver com o firme propósito de comprometer-se com seus objetivos.

O homem fiel aos seus ideais, noite e dia,
jamais será traiçoeiro para com outrem.
SHAKESPEARE

69

O egoísmo consiste em acumular compulsivamente coisas (casas, carros, barcos, roupas), pessoas (maridos, mulheres, crianças, amantes) e ainda mais coisas (poder, fama, dinheiro, sexo). É a busca insaciável pelo glamour, a qualquer preço. É a adoração do deus da opinião alheia.

A única pessoa realmente livre é aquela capaz de recusar um convite para jantar sem precisar inventar desculpas.
JULES RENARD

70

Individualidade é saber o que se quer – o que *realmente* se quer e não o que se *deveria querer* de acordo com a opinião dos outros – e insistir no seu objetivo. Os outros poderão chamá-lo de egoísta, mas saiba que você está apenas exercendo sua individualidade.

Costumamos nos privar de três quartos de nossa individualidade para sermos como os outros.
ARTHUR SCHOPENHAUER

71

Você pode ter *qualquer* coisa que quiser, mas não pode ter *tudo* o que quiser.

O importante na arte de representar é ser capaz de rir e chorar. Se tenho de chorar, penso na minha vida sexual. Se devo rir, penso na minha vida sexual.
GLENDA JACKSON

72

Você pode ter *qualquer* coisa que quiser. Nenhum sonho é grande demais. Se outra pessoa já o tiver alcançado, você poderá ser o próximo. Se ninguém o tiver alcançado, você poderá ser o primeiro. Sonhe alto, caro leitor, sonhe grande.

Se alguém diz "não pode", isto lhe mostra o que fazer.
JOHN CAGE

73

Mas você não poderá ter *tudo* o que quiser. Vivemos em um mundo finito, por um período finito, mas com uma imaginação infinita. A nossa imaginação é capaz de criar mais desejos do que os números criados por um computador. Mas não teremos tempo suficiente para realizar todos eles.

Quando as águias silenciam,
os papagaios começam a tagarelar.
WINSTON CHURCHILL

74

A maior das mentiras na escolha é "eu não posso".

Isso simplesmente não é verdade.

A próxima vez que você se ouvir dizendo a alguém – sobretudo para você mesmo – "Eu não posso", respire fundo e substitua esta afirmação por "Meu desejo e meus recursos estão concentrados em outra coisa". Isso sim é a verdade.

Sempre faça sóbrio aquilo que disse que
faria quando estava embriagado.
Isso lhe ensinará a manter a boca fechada.
ERNEST HEMINGWAY

75

Ao escolher um sonho como objetivo, é bom avaliar as quatro áreas básicas em que as pessoas vivem. Elas são:

Casamento/Família

Carreira/Profissional

Social/Política

Religiosa/Espiritual

O que é a felicidade?
Um bom charuto, uma boa refeição e uma boa mulher.
Ou uma mulher nem tão boa assim.
Tudo depende da quantidade de felicidade que você
é capaz de administrar.
GEORGE BURNS

76

Ao longo de uma vida é natural que as pessoas passem algum tempo em cada uma dessas áreas. Olhando para trás, a maioria pode dizer: "Dediquei a maior parte do meu tempo e atenção a...", e mencionar uma das áreas. Às vezes é aquela em que elas desejaram de fato passar a maior parte do seu tempo. Em outros casos, terão passado sua vida numa área diferente da mais próxima e desejada por seus corações.

Este é um teste para avaliar se
a sua missão na Terra está completa.
Se você estiver vivo, então ela não está.
RICHARD BACH

77

Ao escolher a área que mais o atrai, você poderá: (a) passar mais tempo nela ou (b) se dar conta de que essa atração é mais fruto do desejo imposto por outra pessoa do que de um desejo seu ("Na verdade, eu *quero* fazer isso, mas acho que *devo* fazer aquilo"). Esse é o momento de dar uma guinada, para que seus objetivos correspondam a desejos verdadeiramente seus.

Certa vez me queixei ao meu pai dizendo
que não era capaz de fazer coisas da
mesma forma que as outras pessoas.
Sabe qual foi o conselho que ele me deu?
"Margo, não seja um carneiro.
As pessoas detestam carneiros. Sabe o que
elas fazem com carneiros? Elas os comem."

MARGO KAUFMAN

78

Não estou certo se o excesso de trabalho e a falta de lazer transformaram Jack num bobo ou se ele já era um bobo antes e por isso trabalhava demais. Seja como for, recreação e lazer são parte indiscutível de uma vida inteligente.

Muita gente confunde incompetência com destino.

KIN HUBBARD

79

Quando falo em lazer ou recreação, me refiro a diversas coisas, desde as mais simples (jogar futebol, ir à praia ou ao cinema) até o significado mais profundo da palavra. O que você faz para se *re-criar*? A resposta pode incluir meditação, retiros, oração, trabalho espiritual, repouso, peregrinação, massagens, silêncio – qualquer coisa que seja capaz de recarregar suas baterias de modo profundo e eficiente.

Que beleza ficar à toa para depois descansar.
PROVÉRBIO ESPANHOL

80

É importante perceber, entretanto, que a busca incessante apenas por diversão e recreação não é muito satisfatória. Na verdade, pode ser terrível. Quando há uma busca incessante pelo prazer, essa busca se transforma em trabalho – é um verdadeiro emprego.

Não consigo imaginar nada menos prazeroso
do que uma vida devotada ao prazer.
JOHN D. ROCKEFELLER, JR.

81

Os relacionamentos são essenciais na busca de qualquer objetivo. Entretanto, para se ter êxito, é importante compreender os diferentes tipos de relacionamentos que estão disponíveis. Ao fazer isso, você pode verificar quais são os que podem ajudar mais na busca de seu sonho.

Um código de honra: nunca se aproxime com más intenções da namorada ou da esposa de um amigo.
Existem no mundo tantas mulheres que não é necessário ter esse tipo de comportamento.
A não ser que ela seja realmente irresistível.
BRUCE JAY FRIEDMAN

82

Antes de examinar os tipos de relacionamentos comuns entre os seres humanos, aqui estão dois pontos essenciais sobre relacionamentos em geral. Primeiro: *todos os relacionamentos são com você mesmo* – e às vezes eles envolvem outras pessoas. Segundo: *o relacionamento mais importante de sua vida* – aquele que você manterá, queira ou não, até o dia de sua morte – *é com você mesmo.*

Entre aqueles de quem gosto ou que admiro,
não consigo encontrar um denominador comum.
Mas consigo encontrá-lo entre aqueles que amo:
todos eles me fazem rir.
W. H. AUDEN

83

Relacionamentos recreativos: São as pessoas com quem gostamos de estar simplesmente porque gostamos de estar com elas. *O que* fazemos juntos não é tão importante quanto *o fato de estarmos juntos*.

Não amamos qualidades.
Amamos uma pessoa.
Às vezes tanto por seus defeitos
quanto por suas qualidades.
JACQUES MARITAIN

84

Relacionamentos românticos: Aqui, sexo – ou desejo sexual – se combina a um sentimento de "você é único(a) para mim" e "se você não me ama, sinto-me infeliz e sem valor". Não precisamos gostar do "objeto do amor" – nem mesmo conhecê-lo. Alguns dizem que a ignorância é pré-requisito para o amor romântico.

É claro que é possível amar um ser humano,
contanto que você não o conheça por muito tempo.
CHARLES BUKOWSKI

85

Relacionamentos contratuais: Em um relacionamento contratual ocorrem trocas. Essas trocas podem ser entre quaisquer coisas – produtos, serviços, experiências. Geralmente o dinheiro faz parte dessa transação.

Quase todos os nossos relacionamentos
começam – e a maioria deles continua – como formas
mútuas de exploração. Uma troca
mental ou física que se encerra quando uma
ou ambas as partes esgotam a mercadoria.
W. H. AUDEN

86

Relacionamentos com objetivos comuns: Nesse caso, as pessoas compartilham um mesmo objetivo, e este objetivo é a principal razão do relacionamento. Em geral, é o caso dos relacionamentos baseados em trabalho. O objetivo comum pode ser uma meta da empresa ou simplesmente "aquele dinheirinho no fim do mês".

O mérito do casamento não é o fato de
adultos produzirem crianças, mas
o de crianças produzirem adultos.
PETER DE VRIES

87

Existem poucos relacionamentos "puros" – a maioria combina vários tipos de relacionamentos. As relações também mudam com o tempo, evoluindo – ou regredindo – de um tipo para outro.

Meus pais estiveram hospedados comigo
por alguns dias. Acabei de deixá-los perto
do aeroporto. Eles embarcam amanhã.
MARGARETH SMITH

Nunca aspire a um padrão de vida
igual ao de seus vizinhos.
Rebaixe-os ao seu nível.
É mais barato.
QUENTIN CRISP

88

Dinheiro, fama, poder – tudo se traduz em duas palavras: glamour e status.

Glamour e status são as maiores ciladas da vida. São armadilhas doces e pegajosas, como as pétalas de uma flor carnívora. "Venha a mim", elas chamam. "Toda a felicidade está aqui."

De que vale o dinheiro? Um homem de sucesso
é aquele que se levanta pela manhã, se deita para dormir
à noite e, no intervalo entre esses dois momentos, faz
aquilo que deseja.
BOB DYLAN

89

Por acaso estou dizendo que o dinheiro, a fama e o poder são intrinsecamente nocivos? Não. Eles têm o seu valor. São ferramentas para atingir objetivos. Como objetivos em si mesmos, no entanto, eles não valem nada. Menos que nada. Na melhor das hipóteses, podem ser considerados distrações. Na pior, vícios.

Uma celebridade é uma pessoa que dá duro a vida toda para se tornar famosa, e, quando isso acontece, passa a usar óculos escuros para não ser reconhecida.
FRED ALLEN

90

O que você quer?

O que você tentaria fazer se tivesse
a certeza de que não iria falhar?
ROBERT SCHULLER

91

Coloque em sua meta algo que você possa quantificar para saber quando a atingiu. Você não está atrelado a essa meta para sempre. Quando atingi-la, poderá escolher outra maior. Por enquanto, o importante é saber qual é a sua meta e ser capaz de reconhecê-la quando a alcançar.

Você precisa tomar muito cuidado se não souber para onde está indo, porque pode não chegar lá.
YOGI BERRA

92

Para ter algo novo, devemos expandir a nossa zona de conforto. Quanto maior for a novidade, mais será necessário expandir a zona de conforto. *E as zonas de conforto em geral se expandem mais através do desconforto.*

Não seja tímido ou excessivamente escrupuloso
em seus atos. Toda a vida é uma experiência.
RALPH WALDO EMERSON

93

O compromisso com um sonho não é um acontecimento momentâneo. Ele precisa ser construído diariamente, a cada hora, continuamente. Devemos *escolher* o compromisso com nossa *escolha* muitas e muitas vezes.

Às tardes, Gertrude Stein e eu costumávamos
sair à caça de antiguidades nas lojas da
vizinhança. Lembro-me de que certa vez perguntei
se ela achava que eu deveria me tornar escritor.
Naquele estilo enigmático que encantava a todos,
Gertrude respondeu "Não".
Eu entendi aquilo como um "Sim" e
parti para a Itália no dia seguinte.
WOODY ALLEN

94

A melhor maneira de provarmos nosso compromisso é através da ação. Se dissermos "Eu me comprometo a ser um grande dançarino", e não praticarmos, isso não é compromisso; nem é dança; é apenas papo-furado.

Nunca faça um juramento solene.
As pessoas acreditam que é para valer.
NORMAN DOUGLAS

95

Quando nos comprometemos e agimos, somos confrontados com a zona de conforto. Ficamos tentados a parar, encorajados a parar, forçados a parar. Se seguimos em frente, apesar de tudo, expandimos a zona de conforto, aprendemos a lição necessária e o compromisso se torna mais forte. Isso nos leva a enfrentar novamente a zona de conforto, e o processo continua. Sim, é desconfortável, mas (a) você conseguirá o que deseja e, (b) além de conseguir o que quer, terá expandido a zona de conforto.

Se você nunca mais quiser ver um homem, diga:
"Eu te amo, quero casar com você.
Quero ter filhos seus...."
Ele sairá cantando os pneus.
RITA RUDNER

96

Aqui estão algumas sugestões para assumir e manter compromissos:

1. Não assuma compromissos que você não pretenda cumprir.
2. Aprenda a dizer não.
3. Faça acordos condicionais ("Se... então...").
4. Mantenha os compromissos assumidos.
5. Anote seus compromissos (organize uma agenda).
6. Se surgirem conflitos, renegocie assim que possível.

Até uma pessoa se comprometer, há hesitação,
há chance de recuar e ineficiência constante.
Existe uma verdade elementar que, se for ignorada,
poderá matar inúmeras ideias e esplêndidos planos:
quando alguém se compromete definitivamente,
a Providência entra em ação.
Ocorrem fatos que normalmente não ocorreriam.
Toda uma série de acontecimentos decorre
da decisão, provocando, a favor da pessoa
que se compromete, todo tipo de circunstâncias
imprevisíveis, com que ninguém jamais
ousaria sonhar.

Eu adquiri um grande respeito pelos seguintes versos de Goethe:

O que quer que você possa fazer
ou sonhar que pode, comece.
A ousadia contém em si mesma
genialidade, poder e magia.

W. H. MURRAY
EXPEDIÇÃO ESCOCESA AO HIMALAIA

97

Quando nos comprometemos em buscar um objetivo, o importante é colocar-se em movimento. Não há garantias de que conseguiremos o que desejamos, pois *conseguir* não é o nosso objetivo – *buscar* é que é.

Eu sempre quis ser alguém, mas deveria ter sido mais específica.
LILY TOMLIN

98

A hora de comprometer-se é agora.
E agora.
 E agora.
  E agora.
   E agora.
    E agora.
     E agora.
      E agora.
       E agora...

99

Não deixe que as distrações o afastem de seus objetivos.

Erra o escultor ou o pintor que fala ou escreve com
frequência sobre sua obra.
Isso alivia a tensão necessária ao trabalho.
HENRY MOORE

Não deis aos cães o que é sagrado,
Nem atireis as vossas pérolas aos porcos,
para que não as pisem e, voltando-se
para vós, vos estraçalhem.
MATEUS 7:6

100

As pessoas não gostam de ver os outros buscando seus sonhos – isto as faz lembrar como estão longe dos seus próprios sonhos. Elas tentarão convencer você a abandonar seus desejos, para poderem permanecer em suas zonas de conforto. Elas usarão como justificativa todas as mentiras que sempre disseram a si mesmas.

Essas são as prisões da alma.
Essas são as prisões da alma.
Nade em direção à luz.
STING

101

Fale aos outros sobre seus objetivos apenas quando os tiver alcançado. Ainda que as evidências sejam irrefutáveis, você ouvirá frequentemente: "Não acredito!" Se não conseguem acreditar na realidade, imagine com que dificuldade serão capazes de acreditar no seu sonho.

Os perdedores visualizam as penalidades do fracasso.
Os vencedores visualizam as recompensas do sucesso.
ROBERT GILBERT

102

Afirmar é *consolidar*. Uma afirmação é uma manifestação da verdade que você consolida através da repetição. Afirmações ajudam você a acreditar em seu sonho. A fé é essencial. O seu sonho deve se tornar mais real do que a sua dúvida. Afirmações são como musculação – um processo mecânico que auxilia a desenvolver a força (crença) em seu sonho.

Todos temos um mecanismo automático de criação que funciona em função dos objetivos finais. Quando você estabelece uma meta, seu sistema automático de direção o levará ao objetivo de forma muito mais eficiente do que seu pensamento racional. É você quem estabelece o objetivo pensando nos resultados finais. É o seu mecanismo automático que fornece os meios para realizá-lo.
MAXWELL MALTZ

103

O fato de nossos heróis terem se tornado heróis apesar de suas falhas nos dá esperança. "Quer dizer que não temos de ser perfeitos para conquistar nosso sonho?" Certamente não. Mas é preciso compromisso, coragem e paixão para viver um sonho. Os heróis têm essas qualidades, junto com suas falhas. E você também as tem.

Já lhe disse que você é meu herói?
Você é tudo o que eu gostaria de ser.
Eu posso subir mais alto do que uma águia.
Você é o vento sob as minhas asas.
LARRY HENLEY
JEFF SILBAR

104

A energia da criação individual está dentro de nossos corpos. Nós a chamamos de *energia de realização*. As pessoas experimentam essa energia de formas diversas, dependendo do nome que dão a ela. Do mesmo modo que a energia corporal pode ser chamada de "medo" ou "excitação", a energia de realização pode ser chamada de *criativa*, *sexual* ou *espiritual*.

A criatividade pode resolver quase qualquer problema. O ato criativo e original que derrota o hábito é capaz de superar tudo.
GEORGE LOIS

105

Quando direcionamos a energia de realização para qualquer coisa, ela se transforma em paixão. A maioria das pessoas fixa seu entusiasmo (e muitas vezes o amarra) numa determinada direção. Pode ser numa pessoa, num determinado prato, num programa de TV, em sexo, dinheiro, futebol – o que quer que seja.

Você pode ter qualquer coisa que quiser
se desejar com intensidade suficiente.
Você deve querer com um fervor profundo
que brote através da pele e se una à
energia que criou o mundo.
SHEILA GRAHAM

106

Nós escolhemos aquilo que desperta nossa paixão. Para a maioria de nós, contudo, a escolha foi feita há muito tempo. Nós *sabemos* qual foi a escolha – mas esquecemos que fomos *nós* que a fizemos.

Se você construiu castelos no ar,
não terá desperdiçado seu trabalho,
pois eles estão onde deveriam estar.
Agora coloque fundações debaixo deles.
HENRY DAVID THOREAU

107

A maior mentira que podemos dizer a nós mesmos é "Faço isso mais tarde".

Protelar é a maneira mais mortal de negação.
C. NORTHCOTE PARKINSON

Uma pessoa com fé equivale a uma tropa
de noventa e nove apenas interessadas.
JOHN STUART MILL

108

O interessante a respeito do "Mais tarde" é que ninguém consegue provar a veracidade dessa declaração. Ninguém pode nos repreender por não termos feito algo. Se perguntarem, sempre poderemos dizer: "Eu disse que faria depois. O depois ainda não chegou."

Se você colher o fruto antes que amadureça,
vai certamente derramar lágrimas de arrependimento.
Mas, se deixar passar o fruto maduro,
nunca conseguirá enxugar as lágrimas de pesar.
WILLIAM BLAKE

109

Se puder fazer algo agora, faça agora. Se não puder ser feito agora, decida *se* será feito.

Em caso afirmativo, decida *quando* será feito.

A preguiça não é nada mais do que o
hábito de descansar antes de ficar cansado.
JULES RENARD

110

A razão principal pela qual as pessoas não fazem coisas novas é que elas querem fazê-las com perfeição – de primeira. É irracional, pouco prático, inexequível – e, ainda assim, é a forma como muitas pessoas conduzem suas vidas. É o que se chama de "síndrome da perfeição".

Não tema a perfeição – você nunca a alcançará.
SALVADOR DALÍ

111

Quem disse que você deveria fazer tudo com perfeição? (Apenas faça!)

Existe uma linha microscópica entre ser brilhantemente
criativo e agir como o maior idiota do mundo.
Então, que diabos, pule!
CYNTHIA HEIMEL

112

Chega! Está na hora de crescer. Se quisermos brincar de adultos – vivendo o nosso sonho –, devemos jogar de acordo com as regras dos adultos. Uma das regras básicas é: somos individualmente responsáveis por nossas próprias vidas.

Criatividade representa a milagrosa
combinação da espontânea energia
da criança com a força aparentemente
opositora e inimiga: o senso de ordem
imposto à mente adulta disciplinada.
NORMAN PODHORETZ

113

Responsabilidade significa simplesmente: "a capacidade de reagir". Em qualquer dos desafios, oportunidades ou desastres ao longo da vida, nós podemos reagir da forma que escolhermos. Não se trata de certo ou errado, bom ou mau. É apenas uma questão de *análise prática* da situação.

Na realidade, vencer não é tão difícil assim.
Basta apenas que você tenha sido abençoado
com uma visão apurada, uma mente ágil
e nenhum tipo de escrúpulo.
ALFRED HITCHCOCK

114

Além da nossa reação física diante de uma determinada situação, também temos a capacidade de escolher qual será nossa resposta interior a ela.

A maior descoberta da minha geração foi
o fato de uma pessoa ser capaz de modificar
a sua vida alterando suas atitudes mentais.
WILLIAM JAMES

115

Esta é ótima! Soa como uma ideia nova e radical, mas não é. Existe há centenas de anos.

A ideia é a seguinte: somos nós que controlamos a nossa reação emocional ao ambiente externo – não é o ambiente externo que controla as nossas reações.

Se você estiver angustiado com algo externo,
saiba que o seu sofrimento não se deve
à coisa em si, mas à sua avaliação
a respeito dela.
E você tem o poder de alterar isso
a qualquer momento.
MARCO AURÉLIO

116

Não há nada de errado em se sentir bem quando as coisas vão mal. Estar contente, satisfeito e alegre, não importando o que aconteça, é um conceito radical – mas é também uma regra básica da vida adulta.

Quando nasci, fiquei tão surpresa
que fiquei um ano e meio sem falar.
GRACIE ALLEN

117

Não planejamos falhar, apenas falhamos deixando de planejar. Então, planeje. E esteja pronto para não só mudar suas estratégias como também para mudar de método. Mantenha sua meta, seu sonho. Mantenha-se firme e concentrado nisso. Esteja preparado, porém, para aceitar outros métodos que apareçam e que possam levá-lo até a meta. Especialmente métodos que não estavam nos seus planos. Planeje-se para isso.

Não pode surgir nenhuma
crise na próxima semana.
A minha agenda já está cheia.
HENRY KISSINGER

118

Um calendário em branco para o próximo ano representa o seu tempo, um dos artigos mais preciosos que você possui. Use-o bem. Escolher o que você quer fazer, e quando fazer, é um ato de criação. Você está criando seu sonho.

Muitas das pessoas bem-sucedidas assumem riscos.
Se você não estiver disposto a arriscar, a falhar,
e tornar a arriscar, o sucesso não chegará jamais.
PHILIP ADAMS

119

Quando as pessoas de sucesso nos aconselham a "assumir riscos", nossa tendência é ignorar. Para a grande maioria das pessoas, assumir riscos é arriscado demais. Porém, se não assumirmos riscos, é pouco provável que algum dia alcancemos nosso sonho.

Quando você aceitar sua própria mortalidade, subitamente estará livre para viver.
Você não se importará mais com sua reputação.
Nem se importará com coisa alguma além
da possibilidade de usar a sua vida com
habilidade e estratégia para promover
uma causa em que acredita.
SAUL ALINKSKI

120

É interessante verificar que uma pessoa que não se arrisca sente tanto medo quanto aquela que regularmente assume riscos. Quem não se arrisca sente o mesmo medo até diante de coisas triviais.

Todo ser humano tem o direito de arriscar
a própria vida com o objetivo de salvá-la.
JEAN-JACQUES ROUSSEAU

121

As pessoas que não assumem os riscos calculados na busca de seus sonhos por vezes correm riscos estúpidos. Dirigem rápido demais, bebem demais, abusam das drogas ou se envolvem em outros tipos de comportamentos temerários.

Assuma riscos calculados.
Isso é bem diferente de ser imprudente.
GEORGE PATTON

Uma regra fundamental em política – nunca
seja pego na cama com um homem vivo
ou com uma mulher morta.
J. R. EWING DALLAS

122

Quando nos comprometemos com uma meta, os métodos para atingi-la acabarão surgindo. Quando surgirem, eles talvez não tenham (e raramente têm) uma aparência familiar. Muitas pessoas se habituam a dizer "não" a todas as experiências novas. Não diga "não" até que você saiba exatamente o que está negando.

O maior obstáculo à descoberta não
é a ignorância – mas a ilusão da sabedoria.
DANIEL J. BOORSTIN

123

Para atingir suas metas, você deve trabalhar o tempo todo – acumulando experiências, aprendendo lições, reunindo informações e pessoas que possam ajudá-lo a alcançar o seu sonho.

Deixe o seu anzol sempre a postos.
No lago em que menos se espera
pode haver um peixe.
OVÍDIO

124

Os erros nos mostram aquilo que ainda precisamos aprender. Eles indicam o que devemos estudar para conseguir o que queremos. Quando cometemos um erro, é como se uma seta de ouro nos avisasse: "Estude isso se quiser ter sucesso."

De erro em erro descobre-se toda a verdade.
SIGMUND FREUD

125

Muitas pessoas leem a respeito do valor dos erros e dizem "Isso faz sentido". No entanto, continuam a viver exatamente como antes, procurando a todo custo evitar erros.

Muitas vezes ficam paralisadas, não aprendem o que precisam saber e se surpreendem por não conseguirem se aproximar dos seus sonhos.

Devo o meu sucesso ao fato de ter
escutado respeitosamente o melhor
de todos os conselhos e então ter virado
as costas e feito exatamente o contrário.
G. K. CHESTERTON

126

O processo de aprendizado pode ser resumido em quatro etapas:

1. Aja;
2. Procure erros (critique, avalie);
3. Aprenda a fazer melhor da próxima vez;
4. Volte ao primeiro ponto.

Você poderá cometer toda sorte de erros, mas,
enquanto for generoso, honesto e
impetuoso, não poderá fazer mal ao mundo
e nem sequer ameaçá-lo seriamente.
WINSTON CHURCHILL

127

Há distrações que não trazem satisfação. Deixe-as de lado. São qualquer coisa que não nos conduza à nossa meta e que consuma nosso tempo, nossos pensamentos ou a nossa energia emocional.

O sol irá se pôr sem qualquer plateia.
TALMUDE

128

As distrações são tentações capazes *de qualquer coisa* para afastar você de seu caminho: oferecem sexo, comida, fama, poder, dinheiro fácil – qualquer coisa. O que você não pode permitir é que elas se coloquem em seu caminho e o detenham. Sair do caminho é sempre uma escolha sua. Persiga seu sonho. Siga seu caminho.

Nunca desista.
Nunca. Nunca. Nunca. Nunca.
WINSTON CHURCHILL

129

Buscar o seu sonho exige trabalho – mental, emocional e físico. Trabalhar não é o que desejamos fazer, mas mesmo assim o fazemos para conseguir outras coisas. Para alcançar seu sonho você terá que fazer muitas coisas que não tem vontade de fazer.

A oportunidade é perdida pela maioria das pessoas
porque costumam confundi-la com trabalho.
THOMAS EDISON

130

Quando saberemos que já trabalhamos o suficiente? Só será suficiente quando obtivermos o que queremos. Trabalhe até que seja o bastante – até ter realizado o seu sonho.

Faça todo dia algo que não quer fazer.
Esta é a regra de ouro para adquirir o hábito de cumprir suas obrigações sem sofrer.
MARK TWAIN

131

Considere a busca de seu sonho como um grande evento esportivo. Treine para ele. Aquilo que exercitamos fica mais forte. Isso serve tanto para a mente quanto para as emoções e o corpo.

Físico: Mantenha-se em forma.

Emoções: Mantenha-as flexíveis.

Mente: Mantenha-a aberta.

Zona de conforto: Mantenha-a em expansão.

Acredito firmemente que, se fizer o melhor neste momento, no momento seguinte estarei num lugar muito melhor.
OPRAH WINFREY

132

Nada é impossível. Porém, quanto mais improvável for uma determinada coisa, mais trabalho demandará para consegui-la.

A única certeza imutável é que nada é imutável ou certo.
JOHN F. KENNEDY

133

Mantenha uma lista de seus sucessos – desde as conquistas de metas intermediárias até a meta final. À medida que esta lista for crescendo, você tomará contato com sua força, sua criatividade, seu poder de realização.

Escrever é fácil. Tudo o que você precisa fazer é olhar fixamente para uma folha de papel em branco até que se formem gotas de sangue em sua testa.
GENE FOWLER

134

Pessoas, livros, fitas, vídeos, revistas, etc. Todos são atalhos para o sucesso.

Aprenda com a sabedoria acumulada ao longo dos tempos. É para isso que ela foi acumulada.

Uma jornada de dez mil milhas
começa com um simples telefonema.
CONFUCIUS BELL

135

Durante a busca pelo seu sonho, você provavelmente perceberá que há muito mais regras do que imaginava. O que está acontecendo? O seu sonho não deveria lhe trazer liberdade?

Sim, e liberdade se encontra na disciplina.

Em última análise, a nossa única liberdade
é a liberdade de nos disciplinarmos.
BERNARD BARUCH

136

Comece a formular seu próprio conjunto das "regras" mais importantes para alcançar seus sonhos. Para conquistarmos o nosso sonho, basta examinar a nossa vida e fazer duas coisas:

1. Mais daquilo que funciona.
2. Menos daquilo que não funciona.

Preciso continuar respirando.
Se eu não o fizer, será o meu
pior erro profissional.
NATHAN MEYER ROTHSCHILD

137

É importante cuidar de você mesmo enquanto cuida de seu sonho. Até porque buscar seu sonho é uma forma de cuidar de si mesmo. Durante a busca do seu sonho, nunca se esqueça de tratar-se com cuidado e carinho.

Estou numa idade em que penso mais
em comida do que em sexo.
Na semana passada coloquei um espelho
no teto acima da mesa de jantar.
RODNEY DANGERFIELD

138

Sucumbir às exigências da zona de conforto *não é cuidar de si mesmo.* Cuidar de você mesmo significa *cuidar de você mesmo enquanto faz o que precisa ser feito.* Isso pode significar trabalhar vinte horas em um projeto que você poderia terminar em quinze. Não significa não fazer o projeto.

Conselho para mães grávidas: lembre-se de que
quando você está grávida, está comendo por dois.
Porém lembre-se, também, de que um de vocês dois é do
tamanho de uma bola de golfe, portanto não exagere.
Quero dizer, muitas mulheres grávidas comem
como se o bebê que esperam fosse o Rei Momo.
DAVE BARRY

139

Repense sua atitude em relação a palavras como "trabalho", "férias" e "tempo livre". A sensação de que precisamos de tempo livre decorre do fato de trabalharmos para que outra pessoa atinja seus sonhos. Agora sua vida está direcionada para atingir o seu sonho. Por que tirar folga disso?

ENTREVISTADOR: Sua Santidade, quantas pessoas trabalham no Vaticano?

PAPA JOÃO XXIII: Mais ou menos a metade delas.

140

Aprenda a obter prazer e satisfação em um trabalho benfeito, em vez de buscar diversão em atividades destinadas a distraí-lo da "dura realidade do trabalho".

Não tenho nada contra o trabalho.
Só fico imaginando por que privar do trabalho
alguém que realmente ama trabalhar.
DOBIE GILLIS

Quanto mais desejo fazer alguma coisa,
menos eu chamo isso de trabalho.
RICHARD BACH

141

Nada dá tão certo quanto persistir. O denominador comum a *todas* as pessoas de sucesso é a sua persistência.

Não há nada no mundo capaz de substituir
a persistência. Talento não é; frequentemente
pessoas talentosas são malsucedidas.
Educação por si só não resolve; o mundo
está cheio de fracassados com diploma.
Somente a persistência e a determinação
têm poder.
CALVIN COOLIDGE

142

Persistir é um processo simples:

1. Qual seu próximo passo?
2. O que está impedindo esse passo?
3. Remova, despreze ou ignore o obstáculo.
4. Dê o seu passo.
5. Volte para a primeira etapa.

Caia sete vezes, levante-se oito.
PROVÉRBIO JAPONÊS

143

Troque *conforto e alegria* por *entusiasmo e alegria*. Entusiasmo e alegria são gêmeos siameses – é difícil encontrar um sem o outro. Entusiasmo vem do latim *en theos* – aquele com a energia do Divino. A maneira de criar alegria é fazer as coisas alegremente.

O verdadeiro segredo do sucesso é o entusiasmo.
WALTER CHRYSLER

144

Quando percebemos como é fácil conquistar um sonho (fácil em comparação a quão *impossível* a maioria das pessoas pensa que é), descobrimos que podemos nos apossar do nosso sonho. Quando nos tornamos livres para possuí-lo, passamos a ser livres para deixá-lo.

A riqueza de uma pessoa é proporcional ao número de coisas que ela pode deixar de lado.
HENRY DAVID THOREAU

145

Após realizar um sonho, ou dois (ou vinte), seremos chamados a transmitir aos outros um pouco daquilo que aprendemos. Assim como "quando o aluno está pronto, aparece o professor", também "quando o professor está pronto, aparece o aluno".

Estamos na Terra para fazer o bem ao próximo.
Para que os próximos estão aqui, eu não sei.
W. H. AUDEN

146

Após conquistar diversos sonhos materiais, você poderá se perguntar: "De onde vêm esses sonhos?" Pergunta importante. Procurar a resposta para essa pergunta poderá levar a uma importante busca interior. O que aprendemos através dos sonhos conquistados no mundo exterior pode ser usado para conquistar sonhos dentro de nós mesmos.

Para conhecer a si mesmo,
você deverá perseverar em si mesmo.
ALBERT CAMUS

147

O que ajuda um bocado quando as coisas ficam feias, terríveis, horríveis é lembrar-se de que tudo passa e daqui a seis meses você estará rindo de toda essa "tragédia".

O humor é um atestado de dignidade,
a declaração da superioridade das pessoas
em relação a tudo o que as atinge.
ROMAIN GARY

148

Permitam-me concluir o livro com este poema de Guillaume Apollinaire:

"Venham para a beira", disse ele.
Eles responderam: "Estamos com medo."
"Venham para a beira", repetiu.
Eles vieram.
Ele os empurrou
E eles alçaram voo.

CONHEÇA OUTROS TÍTULOS DA EDITORA SEXTANTE

Nunca desista de seus sonhos
Augusto Cury

Com milhões de livros vendidos sobre temas como crescimento pessoal, inteligência e qualidade de vida, o psiquiatra Augusto Cury debruça-se nessa obra sobre nossa capacidade de sonhar e sua importância fundamental na realização de nossos projetos de vida.

Os sonhos são como uma bússola, indicando os caminhos que seguiremos e as metas que queremos alcançar. São eles que nos impulsionam, nos fortalecem e nos permitem crescer. Se os sonhos são pequenos, nossas possibilidades de sucesso também serão limitadas. Desistir dos sonhos é abrir mão da felicidade – quem não persegue seus objetivos está condenado a fracassar 100% das vezes.

Analisando a trajetória vitoriosa de grandes sonhadores, como Jesus Cristo, Abraham Lincoln e Martin Luther King, Cury nos faz repensar nossa vida e nos inspira a não deixar que nossos sonhos morram.

CONHEÇA OS CLÁSSICOS DA EDITORA SEXTANTE

1.000 lugares para conhecer antes de morrer, de Patricia Schultz

A História – A Bíblia contada como uma só história do começo ao fim, de The Zondervan Corporation

A última grande lição, de Mitch Albom

Conversando com os espíritos e *Espíritos entre nós*, de James Van Praagh

Desvendando os segredos da linguagem corporal e *Por que os homens fazem sexo e as mulheres fazem amor?*, de Allan e Barbara Pease

Enquanto o amor não vem, de Iyanla Vanzant

Faça o que tem de ser feito, de Bob Nelson

Fora de série – Outliers, de Malcolm Gladwell

Jesus, o maior psicólogo que já existiu, de Mark W. Baker

Mantenha o seu cérebro vivo, de Laurence Katz e Manning Rubin

Mil dias em Veneza, de Marlena de Blasi